KB193044

드로잉 트래블러 인디아 로맨스

Drawing Traveler

india romance

그림 베레카 — 글 자림

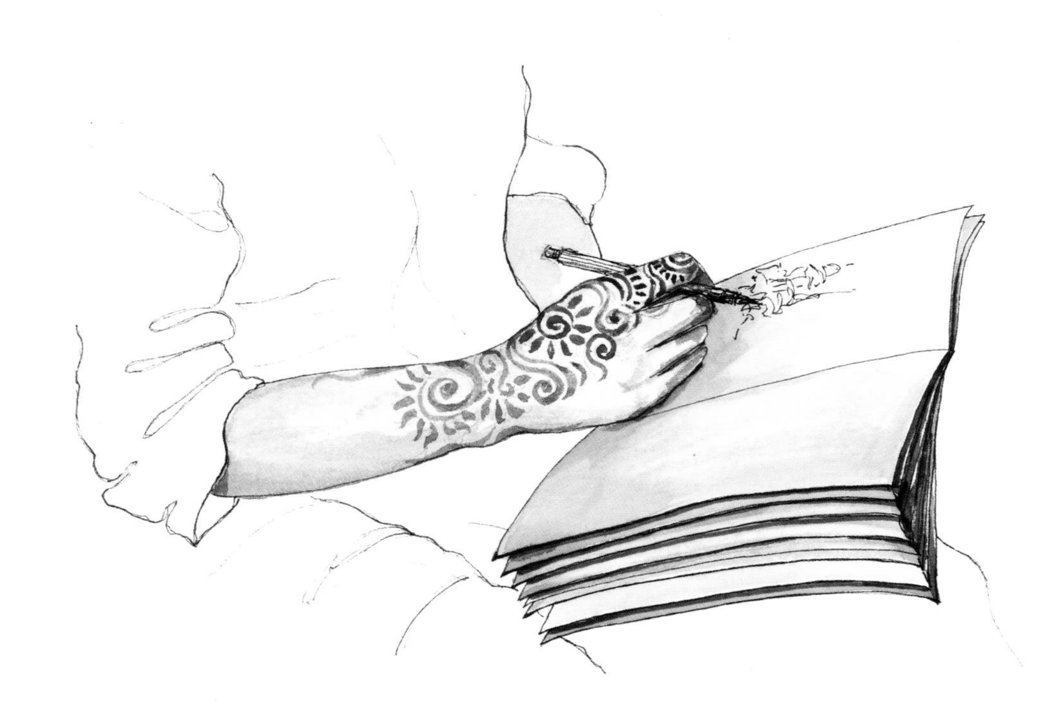

메종인디아

이 사랑은 무엇일까요?

What is this love?

8
8A
8
8A

"오랫동안 그리워하던 인도와 로맨스를 즐기고 오시길 바라요.
연애하듯 설레는 기분으로 가는, 인도 로맨스 아닐까요?"

"I hope you enjoy your romance with India, which you have yearned for so long.
India makes your heart flutter, and isn't that true romance?"

GHAT

난생처음 비행기를 탄 것처럼 코를 킁킁대며 기내식과 인도의 향기를 즐겼고,
창가에 매달려 하늘빛에 무한 감동했어요.
하늘에서 내려다보는 인도가 이토록 아름다웠던가요!
보석을 흩뿌려 놓은 듯 빛나는 거대 도시의 밤,
눈의 결정체처럼 반짝이는 작은 마을들의 야경을 보며
코로나 3년 차의 모든 피곤과 회한을 내려놓고 안전하게 착륙했어요.

I sniffed and enjoyed the in-flight meal and the scent of India as if I were on a plane for the first time in my life. I was deeply moved by the skylight hanging by the window. Was India so beautiful looking down from the sky? Looking at the nightscape of a vast city that shines like scattered jewels and the night view of small villages that sparkle like crystals of snow, I landed safely, freeing myself from all the tiredness and remorse of the third year of COVID-19.

인도에 다시 왔다는 것만으로 충분히 위로 받고 화해한 듯한,
이 편안한 느낌으로 마법의 인디아 로맨스 계속 이어 갈게요.

Returning to India, I feel comforted and consoled, and my magical romance with India continues.

हो ही जाता है, यानी वह ठहरता तो कुछ समय के लिए ही है। और फिर हर बीतते पल के साथ उसकी तीव्रता भी कम या ज्यादा होती ही रहती है, अर्थात् उसे कमजोर भी होना पड़ता है और मिटना भी पड़ता है। अब ऐसे में आपके लिए आपके सारे भाव कुछ समय के मेहमान के अलावा क्या हुए? और मन सिवाय भावों के कुछ नहीं। तो बताओ, सीधे-सीधे तौर पर आपका मन "मैं" हुआ कि नहीं?

खैर, जब आप यह समझ गए कि मन मैं हूँ, तो अब मेरी भिन्न-भिन्न गतियों के बारे में भी समझ लीजिए तथा वे भा[illegible] कैसे परिवर्तित होती हैं, यह भी समझ लीजिए। आप क्या स[illegible] आपने चौबीस घंटे का एक [illegible] बनाकर मुझे बांध [illegible] आप यह क्यों भूल गए कि [illegible] आपसे पहले ही कह [illegible] मैं स्वभाव से ही नटखट [illegible]चल हूँ। ...मैं बांधा जा [illegible] नहीं हूँ। आपकी [illegible] और मेरी गति के [illegible] को आप जा[illegible] [illegible]लावा भी मेरी ह[illegible] हैं। और [illegible] जब मे[illegible] हो जाती [illegible] दुःखी या [illegible] जब मेरी गति [illegible] सुख या शांति [illegible] का [illegible] वह भी वास्तव में मेरी [illegible] गति के अलावा [illegible]

माना बात थोड़ी कॉ[illegible]लीकेटेड और [illegible] नहीं, मैं इस बात को कुछ और विस्तार से बताता हूं। आप[illegible] अनुभव हजार बार हुए होंगे परंतु आपने कभी इस पर गौर [illegible] होगा। लेकिन आज के बाद गौर करना, दो-चार अनुभव [illegible] समझ जाएंगे। देखना कि जब कभी आप आनंद या मस्ती में होते हैं तो क्या होता है? ...निश्चित ही समय तेजी से कटता है, यानी आपकी घड़ी के समय से कहीं तेज। और इसके विपरीत जब आप किसी कष्ट में होते हैं या चिंता में डूबे होते हैं, तब क्या होता है? ...तब उसी घड़ी का समय काफी लंबा हो जाता है।

मनुष्य का मन भी सिवाय समय के और कुछ नहीं है

और यहां मैं वर्तमान युग के अति इंटेलिजेंट व्यक्ति "आइंस्टाइन" की [illegible] करना चाहूंगा, उन्होंने समय की इस रिलेटिविटी को ना सिर्फ जाना बल्कि अच्छे से समझाया भी। शायद आपको भी याद हो कि उन्होंने क्या कहा था। नहीं सुना हो, [illegible] याद आ रहा [illegible] तो मैं बताए देता हूँ। उन[illegible] कि सोचो यदि आपका हाथ जल[illegible] स्टोव पर [illegible] तो क्या होगा? हाथ [illegible]रण आप[illegible]पना समय काटना [illegible] हो जाए[illegible] [illegible]सके [illegible]रीत यदि आ[illegible] प्रेमिका के साथ बै[illegible] तो घंटों [illegible] को समझ[illegible] और आइंस्टाइन [illegible] भाषा में [illegible] pretty girl on a park bench pa[illegible] like a m[illegible] but a min[illegible] stove seems like an [illegible] [illegible] के [illegible] में कोई [illegible] या [illegible] लत [illegible] वह [illegible]

[illegible] यह [illegible] अपनी इसी ना[illegible] [illegible] चिं[illegible] भी आप जा[illegible] [illegible] सिर्फ मैं हूँ। मेरी [illegible] भावों का अनुभव [illegible] है। और यह बात [illegible] या शांति-अशांति जैसी कोई चीज है ही नहीं [illegible] आपका मन 'समय' यानी मैं हूँ। तथा मेरा भावों से कुछ लेन[illegible] नहीं। मेरी [illegible] गति और सिर्फ गति की है। और मुझे यकीन है कि यह बात अब अ[illegible] स्थापित हो [illegible] है। यूं भी चूंकि मैं स्वयं मेरे [illegible] में बता [illegible] और बता भी वै[illegible] युग में रहा हूँ; सो मैं जानता हूँ कि जो कहूंगा वह हाथोंहाथ [illegible] जाना और इसीलिए मैं वैज्ञानिक भाषा का ही प्रयोग कर रहा हूँ। और मुझे विश्वास है अपनी कही दोनों बातें स्थापित कर भी चुका हूँ। एक तो यह कि मैं मन हूँ क्योंकि

पेन, राइटिंग-पैड, किताबें जैसी चीजें तो बात-बेबात आप खरीदते ही रहते हैं। सोचो यह कि आप कभी उसे फेंकते नहीं, किसी को देते भी नहीं, कोई उसे चुराता भी नहीं; फिर भी वे एक दिन गायब हो ही जाती हैं। फिर आप कहते हैं कि पता नहीं इन सबको कौन खा गया? जमीं खा गई या आसमां निगल गया? नहीं, वे दोनों क्या खाएंगे? उन तक को मैं हजारों बार खा चुका हूँ। कहने का तात्पर्य इन छोटी-छोटी रोजमर्रा की चीजों को मारने की भी मेरी अपनी एक गहन गति है।

यही बात क्यों करूं, मेरी मार से तो संस्कृतियां व परंपराएं तक आजाद नहीं। उन्हें तो ऐसे खा जाता हूँ कि पूछो ही मत। उनका नामोनिशान तो इस [illegible] मिटा देता हूँ कि हर युग में वे बदल जाती हैं। फिर चाहे वो सामाजिक रीतियां हो या धार्मिक। और मैं पक्षपात इसमें भी नहीं करता। वे रीतियां व परंपराएं अच्छी हो या खराब, मैं समान रूप से दोनों को खा जाता हूँ। और मेरे खाने की प्रक्रिया भी ऐसी कि अपने मिटने के कुछ दिन बाद तक तो वे सब परंपराएं किताबों व कहानियों का हिस्सा रहती हैं, लेकिन फिर धीरे-धीरे कर उन्हें मैं वहां से भी मिटा देता हूँ। न जाने कितनी ही संस्कृति तथा परंपराएं अनेकों ग्रह पर पनप व पल चुकी हैं, लेकिन आज तो उन सबका अंदाजा तक किसी को नहीं रह गया है।

वैसे ही मनुष्यों की प्रगति को भी मैंने नहीं बख्शा है। न जाने कितनी ही बार उसने चांद-तारों की ऊंचाइयां पाई है और फिर न जाने कितनी ही बार वह अपनी ही प्रगति के जाल में फंसकर लुप्त हुआ है। हालांकि मनुष्य भी मनुष्य है। वह फिर अ-ब-स से शुरू कर ऊंचाइयां छू ही लेता है। फिर भी कभी-कभार मेरी उस मार के भी अंश मिल जाते हैं। खासकर कोई पुरानी रिकॉर्ड या लिपिबद्ध-पत्थर मिल जाते हैं जो मनुष्य के विकास की तथा उसके अंत की चुगली खाते नजर आते हैं।

छोड़ो, यह सब तो बहुत लंबी बात हुई। मेरी मार का असर तो इतना गहन और सटीक है कि मैं आपकी आंखों के सामने से बड़े-बड़े खानदानों के अंश तक मिटा देता हूँ और आपको समझ नहीं आता कि आपकी आंखों के सामने से वे गायब कैसे हो गए? इसी बात को एक छोटे से उदाहरण से समझाता हूँ- भारत पर मुगलों ने करीब तीन सौ वर्ष राज किया। उनमें से कई राजा और उनकी बातें तो भारतीयों के जहन तक में बस गई हैं। और बावजूद इसके उनके अंतिम शासक बहादुरशाह जफर के बाद के दो सौ वर्ष से कम के समय में उनके पूरे खानदान का नामोनिशान मिट गया। दो सौ वर्ष, यानी मात्र दो या तीन-चार जेनरेशन में सब गायब! चलो राजपाट मिट जाए बात समझ में आती है, परंतु अगले दो सौ वर्षों में इतना बड़ा खानदान मिट जाए? न रिश्तेदारों के पते न उनके बच्चों के? अब यह मत कह देना कि यह सब औरंगजेब की क्रूरता का परिणाम था। नहीं, मैंने यही हाल कृष्ण जैसे विशाल कुटुंब के मालिक से लेकर बुद्ध तक के परिवार का भी किया था। मैंने पहले ही कह दिया है कि मेरे मिटाने की पद्धति में कोई पक्षपात नहीं। अच्छे-बुरे, पापी-पुण्यात्मा, उपयोगी या अनुपयोगी से मुझे कोई लेना-देना नहीं। ये सारे विभाजन आपकी बुद्धि की उपज हैं, [illegible] जिससे विश्व के गहन रहस्यों का कोई ताल्लुक नहीं। वे सब अपने ही नियमों से चलायमान हैं। ...ठीक उसी तरह जैसे मैं अपने स्वभाव से नियम के अंतर्गत बिना पक्षपात के तमाम चीजें मिटाने में संलग्न हूँ।

हर वस्तु पर पड़ी
समय की मार पहचानना
सबसे बड़ी बुद्धिमत्ता है

...लेकिन मेरी यह संलग्नता पूरी तरह समझने हेतु आपको अपनी दृष्टि थोड़ी और पैनी करनी होगी। और साथ ही आपको अपनी भाषा भी [illegible] होगी। आप कहते हैं बुढ़ापा आ गया। नहीं, बुढ़ापा नहीं आया बल्कि आपका समय चुका जा रहा है। आप कहते हैं यह मर गया। नहीं, मैं उसे खा गया। इस ब्रह्मांड की ऐसी कोई वस्तु नहीं जिसे रोज-रोज मैंने अपने मिटाने की प्रक्रिया में शामिल न किया हुआ हो। सूरज की रोशनी हो या चांद की ठंडक, वे भी हमेशा मेरे निशाने पर होते ही हैं। यही कारण है कि उनकी रोशनी भी रोज-रोज चूकती ही चली जा रही है। जो सूरज सम्पूर्ण सजीव-जगत के जीवन का स्रोत है, उसे भी मैं बार-बार ठंडा [illegible] और [illegible] इस सूर्य को मिटा भी देता हूँ। कहने की जरूरत नहीं कि उसके [illegible] समाप्त हो ही जाता है। और यह प्रक्रिया भी मैं अब तक [illegible] ही बार [illegible]

सो, कुल-मिलाकर यदि आप [illegible] जीवन [illegible] ब्रह्मांड [illegible] को समझना चाहते हैं, तो सबसे पहले मेरे [illegible] अच्छे से पहचानना होगा। आप [illegible] मार का प्रभाव देखना सीख जाओ, [illegible] खेल समझ जाएंगे। और जब आपको चीजों के मिटने का [illegible] समय बाबत ही पता चलने लग जाएगा, तो फिर बचा क्या? कौन है आपके संसार में जो आपके मुकाबले खड़ा हो पाएगा?

인도의 소리가 기억났어요. 처음 인도에 왔을 때 바라나시 교차로에서
엄청난 혼돈과 무질서의 소리에 그만 한참 동안 넋을 잃고 서 있었어요.
마치 경이로운 음악 같다고 생각했어요.
존케이지 처럼….

“나의 시대는 인도를 만나기 전과 그 후로 나뉜다.“

I remembered ‘The Sound of India’. On my first visit to India,
I was fascinated by the tremendous chaos and disorder at the intersection
of Varanasi, and I thought it was like phenomenal music.
Like John Cage once said—

My days are divided before and after I met India.

사랑하는 게 쉬울까요, 사랑하지 않는 게 쉬울까요?

Is it easier to love? Or is it easier not to love?

4
11:25
181132/C

"멋진 남자보다 멋진 건축물 앞에서 가슴이 두근거린다.
건축은 사랑이고 드로잉은 자유다."

"My heart beats faster in front of a great architecture than a great man.
To me, architecture is love, and drawing is freedom."

raja cafe
www.rajacafe.com

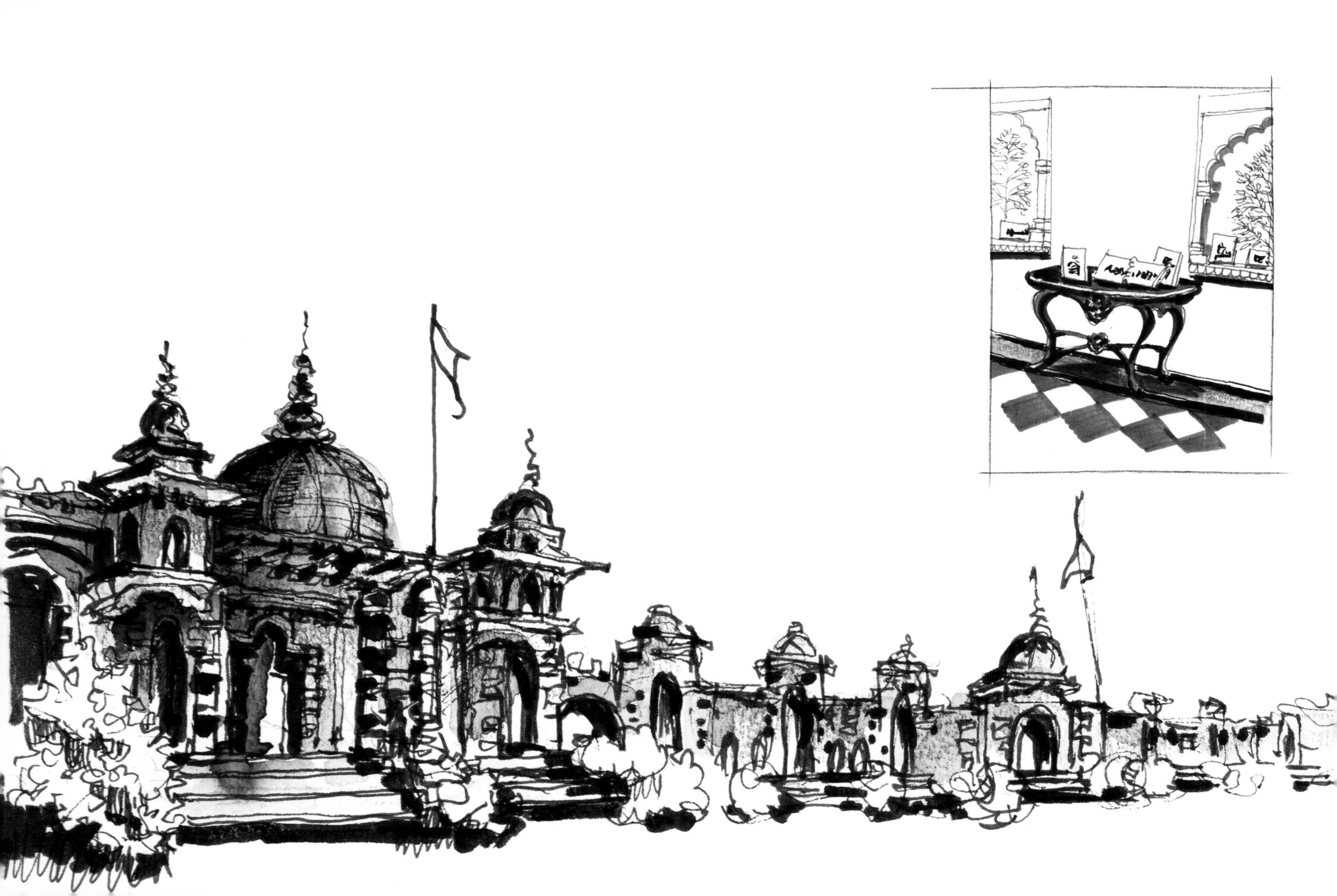

다가서면 멀어지고
멀어지면 다가서는
사랑…

As I draw closer, it moves away
As I move closer, it draws away
Love…

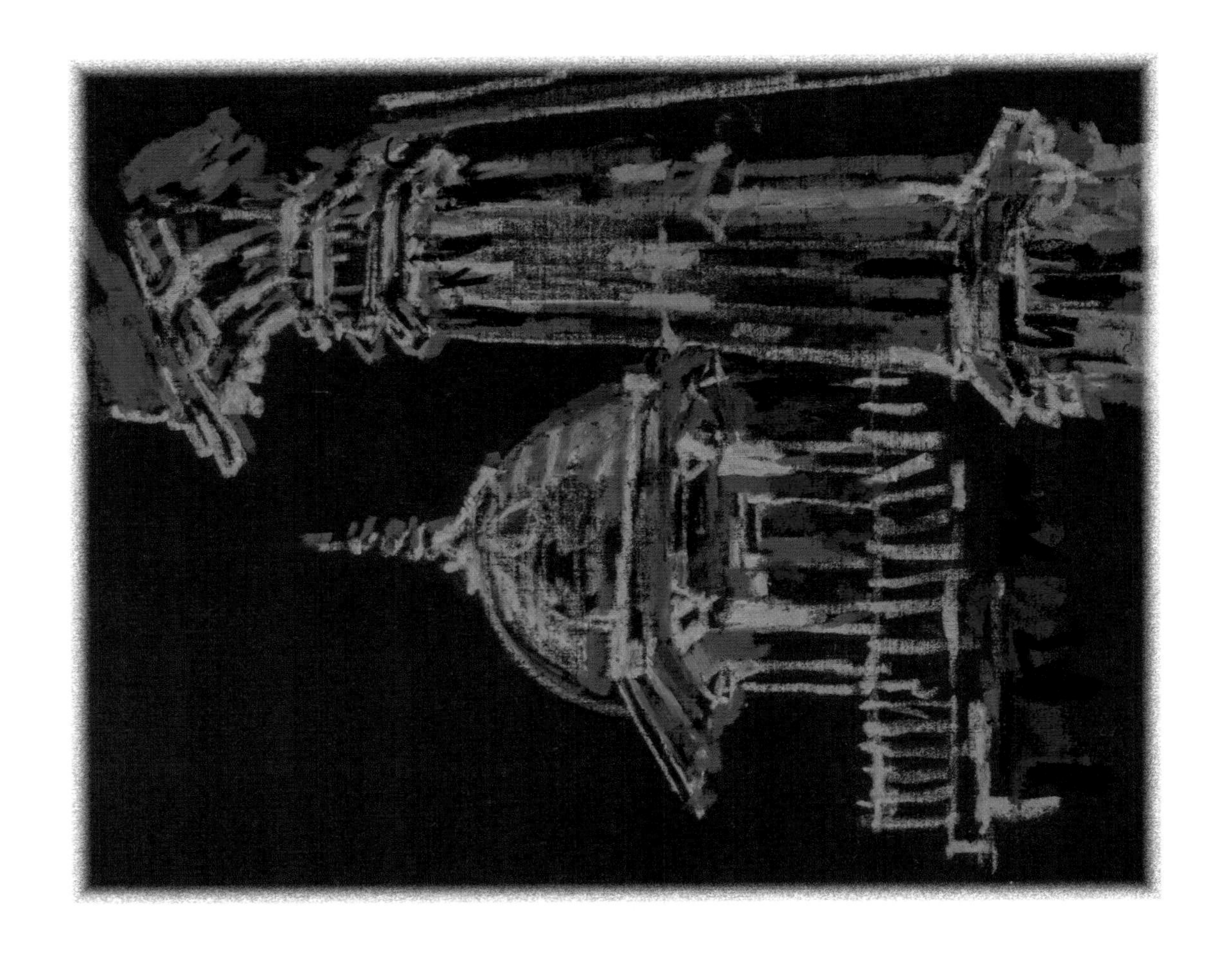

མ་སྒྲིག་པའི་སྐད་འཆར།

ཕྱུག་གི་དཔལ་འབྱོར་གཞི་རྟེན་ སྐ་ཁག་སྒོ་ བཟོ

གོལ་གལ་ཅན།

"우리가 어디를 가건 우리의 귀엔 대부분 소음이다.
만약 그것을 주의 깊게 들으려 한다면
소음이 얼마나 환상적인 것인지 드디어 알게 된다.
소음이야말로 경이로운 음악인 것이다. 가장 자연적인."
_ #존케이지

I remember the words of John Cage— Wherever we go,
it is mostly noise in our ears. If you try to listen to it carefully,
you finally realise how fantastic the noise is.
Noise is wonderful music, the most natural of them all.

BAR
SON
ZOGTE

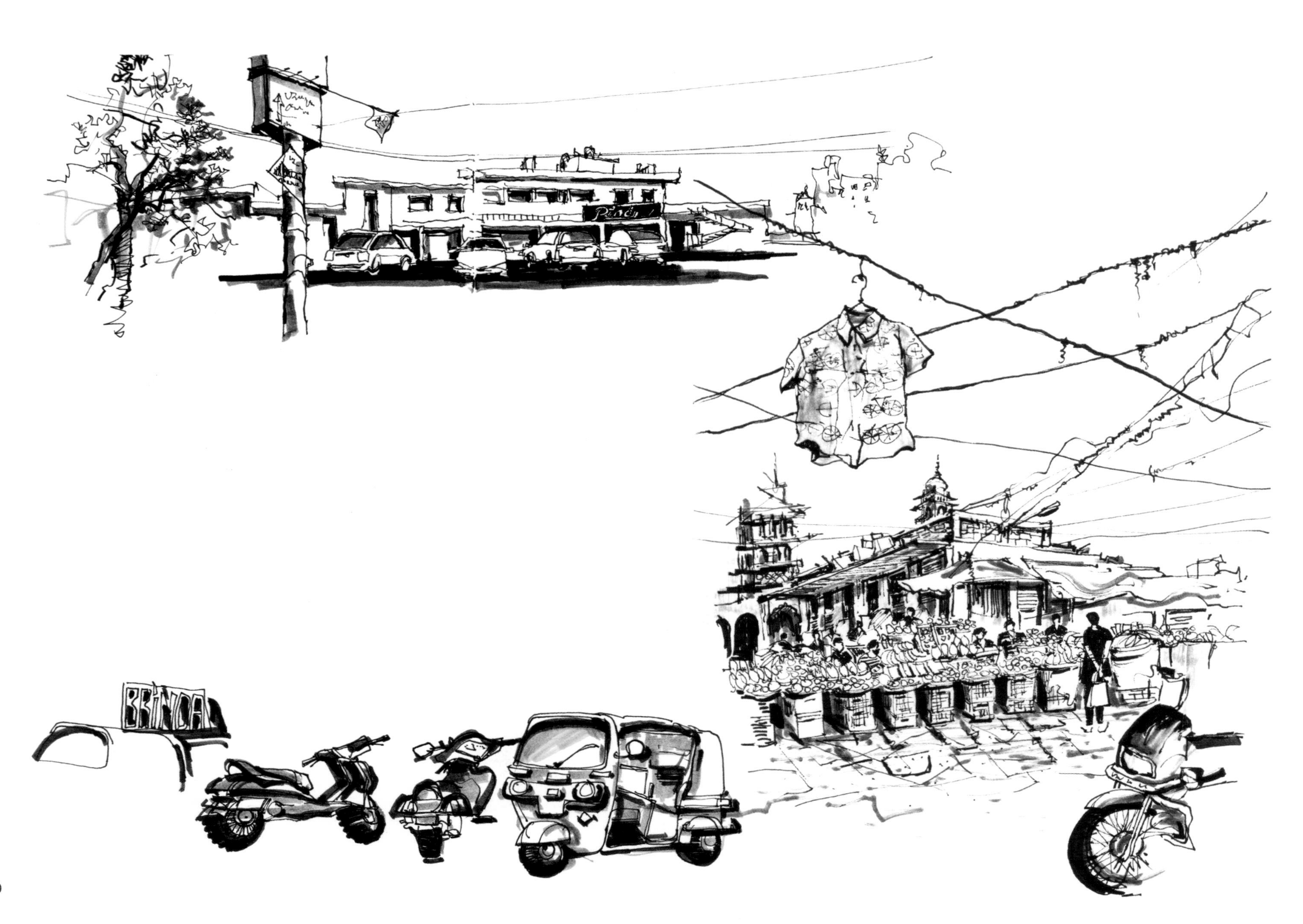

STOP
9161

EBIRD

AC
RESTAURANT
EBIRD

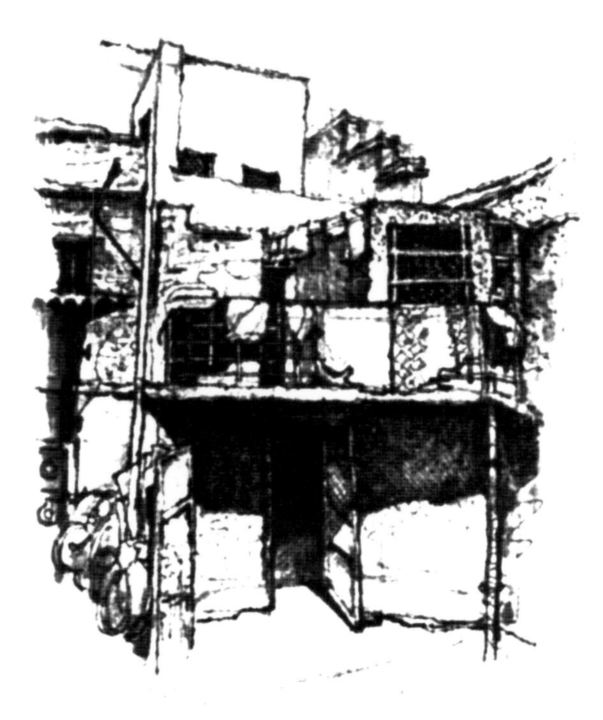

to Earth
ode to Earth
ART
ART KONSULT
Fashion

Elma's
Apala

호텔 앞 쇼핑몰에서 인도 브랜드 옷을 한 벌 사 입었어요.
촉감이 어찌나 좋고 가벼운지 몰라요. 인도에 온 지 3주가 되었고,
대부분 채식을 하고 저녁은 거의 안 먹어 날마다 눈에 띄게 몸도 가벼워지고 있습니다.
운 좋게 초록이 가득한 도시공원 전망이 드넓게 펼쳐진 호텔 방과 사랑에 빠지고 말았어요.
파리에서 에펠탑을 보듯, 아시아에서 나무가 가장 많다는 도시 델리에선 꾸뚭미나르*를
날마다 방에서 바라보고 있어요. 이 행운은 2년 만에 인도에 다시 와서
델리를 마주한 기념 선물일까요?

*12세기 말 인도 최초의 이슬람 왕조의 술탄 쿠투브우딘아이바크(Qutab-ud-din Aybak)가
델리 정복을 기념하여 세운 거대한 승전탑.

I went to a shopping mall in front of my hotel and
bought an Indian-branded dress for myself. The fabric felt nice and light on my skin.
It has been three weeks since I came to India, and I am feeling noticeably
lighter every day because I mostly eat vegetarian meals and rarely eat dinner.
I am falling in love with my hotel room with a wide view of the green city park.
Like the view of the Eiffel Tower in Paris, I get to see Qutub Minar*
from my room every day. Is this pure luck or a gift to remember returning
to India for the first time in two years?

*A victory tower built by India's first Islamic dynasty Sultan Qutub-ud-din Aibak in the late 12th century.

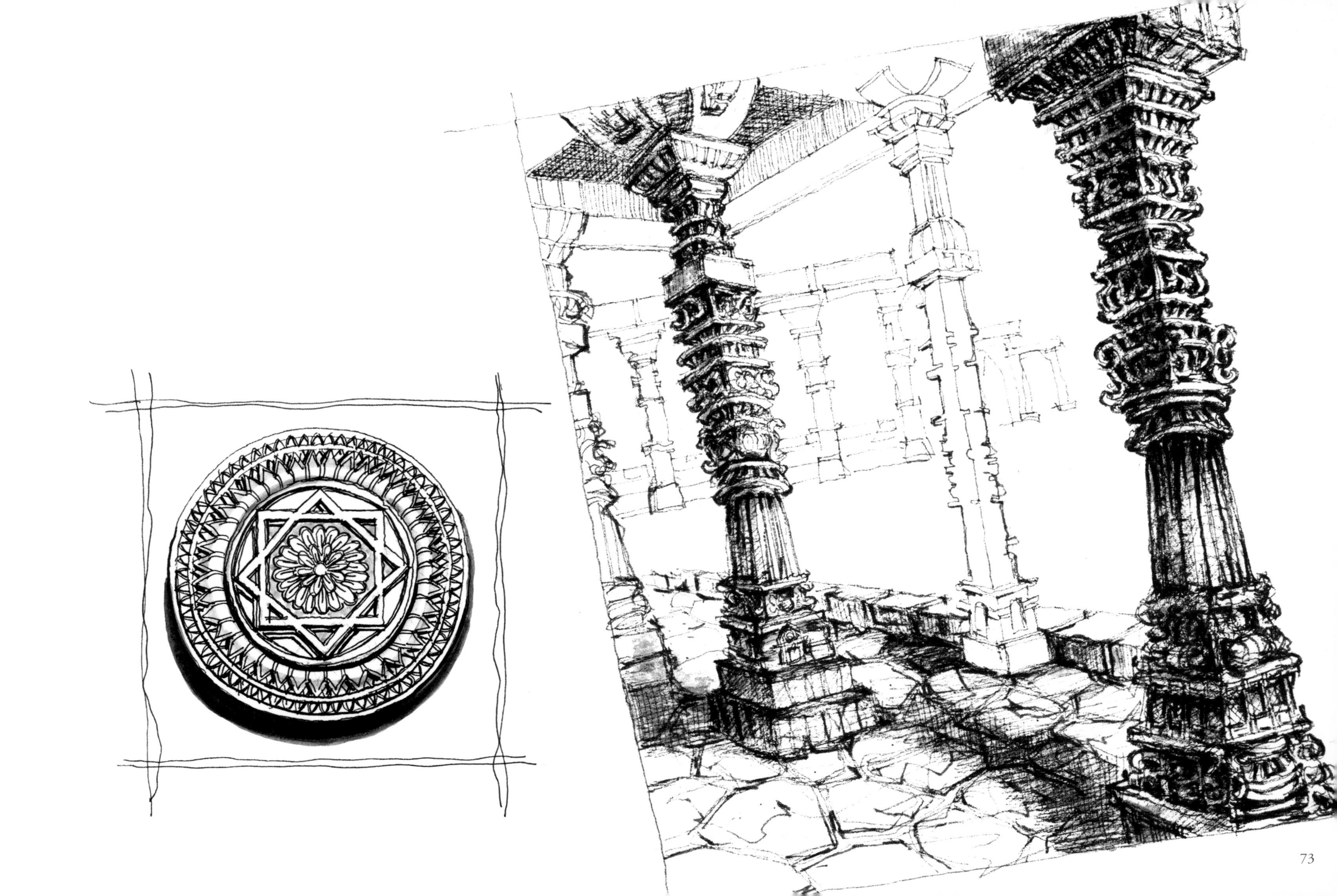

인도에 와서 2주일이 지나자 끝없이 자아 해체가 이루어지면서 잘게 부서지는
버거운 통증을 느끼던 나날이었어요. 일을 하면서 했던 많은 선택과 결정들이
코로나 이전엔 분명 옳았는데, 코로나 이후인 지금은 다 틀린 것만 같아서 많이 아팠어요.
이곳에서 날마다 한 시간씩 공원을 걸으며 햇빛을 모으고, 욕조에 물을 모아서 체력을 끌어올려요.

햇살이 눈부시게 쏟아지고 있어요. 아침 6시 넘어 눈을 떴는데 갑자기 미치도록
델리의 아침이 보고 싶은 거예요. 방문을 열고 나가면 바로 이어지는
로맨틱한 발코니 계단 문까지 활짝 열어젖히고, 오래된 반얀나무, 아쇼카나무,
니임나무들 위로 쏟아지는 아침 햇살을 바라보았어요.
엇그제 인도 친구가 사다준 인도 옷을 후다닥 입고 정원에 내려와서
꽃들에게 새들에게 공작이랑 다람쥐한테 아침 인사를 했어요.
이름 모를 저 꽃의 향기는 얼마나 그윽하고 달콤하고도 화사한지요!

심장이 한껏 부풀어오릅니다.

The sun is shining brightly. I woke up after 6 a.m. and suddenly
I wanted to see the morning in Delhi. I opened the door, opened the door
of the romantic balcony stairs, and watched the morning sun pouring
over the old banyan trees, Ashoka trees, and Neem trees.
I hurriedly wore Indian clothes that my Indian friend bought me
and came down to the garden and said good morning to the birds
and the squirrels. The scent of that unknown flower is so mellow, sweet, and bright!

My heart was whole.

DAVID SASSOON LIBRARY

MUTP

नगर निगम मथुरा-वृन्दावन, मथुरा
ई-निविदा सूचना
उ0प्र0 लोक सेवा आयोग
विज्ञप्ति
Short term E-Tender Notice
अभियांत्रिकी महाविद्यालय भरतपुर
Near Sewar, N.H.-21, Agra-Jaipur Highway, Bharatpur, Rajasthan
Phone 05644-234911
Web : www.ecbharatpur.ac.in,
E-Mail : principal.gecbharatpur@gmail.com
'बी.टेक प्रथम वर्ष में सीधे प्रवेश का अन्तिम मौका'
रजिस्ट्रेशन करवाने एवं आवेदन की अंतिम तिथि 25.11.2021 (गुरुवार)
प्रवेशित छात्र द्वारा रिपोर्टिंग की अंतिम तिथि 26.11.2021 (शुक्रवार)
प्रवेशार्थी को नियत तिथि को प्रातः 10:00 बजे महाविद्यालय में उपस्थिति होना अत्यावश्यक है।
प्रवेश सम्बन्धी जानकारी हेतु
8955818249, 9799136033, 9461078188
डॉ. रवि गुप्ता, प्राचार्य
OFFICE OF THE EXECUTIVE ENGINEER, IInd CONSTRUCTION DIVISION (E/M), U.P. JAL NIGAM (URBAN), 4/4 SANJAY PALACE, AGRA-282002
Letter No. : 1526/ NIVIDA/33
Dated : 16.11.2021
SHORT TERM E-TENDER NOTICE
Digitally signed e-bids are invited on the behalf of Chairman, U.P. Jal Nigam for the execution of "S.I.T.C., Trial Run, Maintenance including Rising Main work & hand Over to Nagar Panchayat of Submersible Pumping Plants for Rebore Tube Well of Fariha Nagar Panchayat Water Supply Schemes in District Firozabad from eligible, reputed and experienced bidders. Detailed E-bid documents will be available for download from 26.11.2021 by 03:00 P.M., submission of e-bid till 02.12.2021 upto 05:00 P.M. and opening of e-bid on 04.12.2021 at 03:00 P.M., EMD (2%) required Rs. 12500/- & E-tender Cost is Rs. 1000+18% GST. Details are also available on U.P. Govt. e-procurement portal https://etender.up.nic.in & U.P.J.N. website www.jn.upsdc.gov.in
विनोद कुमार सिंह (उप सचिव)
विज्ञापन सं0 04/2021-22
उप कृषि निदेशक मथुरा।
अछनेरा स्टेशन पर नॉन-इंटरलॉकिंग कार्य के कारण गाड़ियों का निरस्तीकरण रेग्यूलेशन, मार्ग परिवर्तन तथा रीशेड्यूलिंग
गाड़ियों का निरस्तीकरण
1. 04419/04420 मथुरा जं.-गाज़ियाबाद जं.-मथुरा जं. ईएमयू प्रारम्भिक स्टेशन से यात्रा प्रारम्भ करने की तिथि 27.11.2021 एवं 23.11.2021 को निरस्त रहेगी
2. 04495/04496 आगरा कैंट -पलवल-आगरा कैंट प्रारम्भिक स्टेशन से यात्रा प्रारम्भ करने की तिथि 27.11.2021 एवं 28.11.2021 को निरस्त रहेगी
गाड़ियों का रेग्यूलेशन
गाड़ियों का मार्ग परिवर्तन
गाड़ियों का रीशेड्यूलिंग
उत्तर मध्य रेलवे

धुंध में शासन और बेदम
में वायु प्रदूषण की कहानी केवल प्रणालीगत विफलताओं की झांकी है। वायु प्रदूषण भारत में 17 ला
1,900 से अधिक मौतें। इसके बावजूद एक के बाद एक आने वाली सरकार ने प्रदूषण और मौतों

अनूपलाल मंडल
(1896-1982)

मुद्र में बढ़ती ताकत
धुंध में शासन और बेदम लोग
जब फिल्म ने मुझे भी
चर्चा में ला दिया
मदद के लिए सम्मान

I sit at a table by the window facing the garden and order my breakfast—watermelon juice, papaya, oatmeal, chai, plain dosa & sambar soup, sunny side up fried egg, plain yoghurt with nuts, one slice of banana bread, and black coffee. I do not know how time flies every morning as I sit down for an hour or two to enjoy my meal. I sit here and greet the people who come by. It is the start of a fine slow day.

Like the green garden quietly drinking water from the long hose, I am also quietly absorbing this time of rest and inspiration deep into my lungs and bones. Once again, I find myself to be immersed in the green and slow life of India. At the next table, one Indian man and a European woman discuss their upcoming trip. Delhi's sun is slowly heating up to 23 to 40 degrees Celsius.

What is the temperature of your trip now?

정원을 향한 창가 테이블에 앉아 천천히 아침 식사를 주문해요. 수박주스, 파파야, 오트밀, 짜이, 플레인도사 & 삼바르수프, Sunny side up 계란프라이, 견과류를 듬뿍 얹은 플레인 요거트, 바나나빵 한 조각, 블랙커피…. 매일 아침 혼자서 시간 가는 줄 모르고 한두 시간씩 앉아 식사를 즐겨요. 그리고 여기 앉아서 드문드문 찾아오는 손님들을 맞이해요. 급할 것 없는 나날입니다.
초록 정원은 조용히 긴 호스에서 나오는 물을 아주 천천히 땅속 깊이 흠뻑 스며들게 마시고 있어요. 저도 이 휴식과 영감의 시간을 조용히 가슴 속 깊숙이 뼛속까지 천천히 다 스며들게 마시고 있지요. 초록초록 느릿느릿 인도에 다시 젖어 들고 있습니다.
마침 옆 테이블에서는 인도 남자와 유럽 여자, 비즈니스맨 둘이 다가올 여행을 열심히 논하고 있어요. 델리의 태양은 23~40도까지 천천히 열을 달구고 있어요.

여행의 온도는 지금 몇 도쯤일까요?

'어디서 묵을 것인가?'는 여행 중에 '어떤 사람들을 만나고 싶은가?
무엇을 그릴 것인가?'와 연결되는 아주 중요한 질문이에요. 공간의 힘을 따라서 머물러요.
오늘부터 '두르가 여신'의 축제가 일주일간 열린다고 해요. 다시 인도에 도착한 첫날 밤,
마침 거리에선 사람들이 춤추며 축제 준비를 하고 있었고, 다시 만난 인도와의
로맨스는 이렇게 시작되었어요. '여전사 두르가×여전사 베레카 그리고 자림'
악마를 물리치는 두르가 여신의 손에는 열 가지의 무기가 있는데, 코로나를 물리치고
다시 일어서야 할 우리의 손에는 어떤 무기가 있을까요?
음…, 감성? 이성? 지성? 직관? 긍정? 열정? 친절? 자비? 인내심? 사랑?

Where are we going to stay? What kind of people do we want to meet while travelling? They are important questions that connect us to what we draw. I wish we stay with the power of this space. The festival of 'Goddess Durga' will be held for a week from today. So, on the night of arrival, on the first day, people were dancing and preparing for the festival, and this is how the romance with India began again. 'Warrior Durga x Warrior Bereka and Jarim.'

Goddess Durga holds ten weapons in her hands. They help her to defeat evil. What weapons are there in the hands of an artist and travel content planner who must beat COVID-19 and get back on their feet? Emotion? Logic? Intellect? Intuition? Positivity? Passion? Kindness? Mercy? Patience? Love?

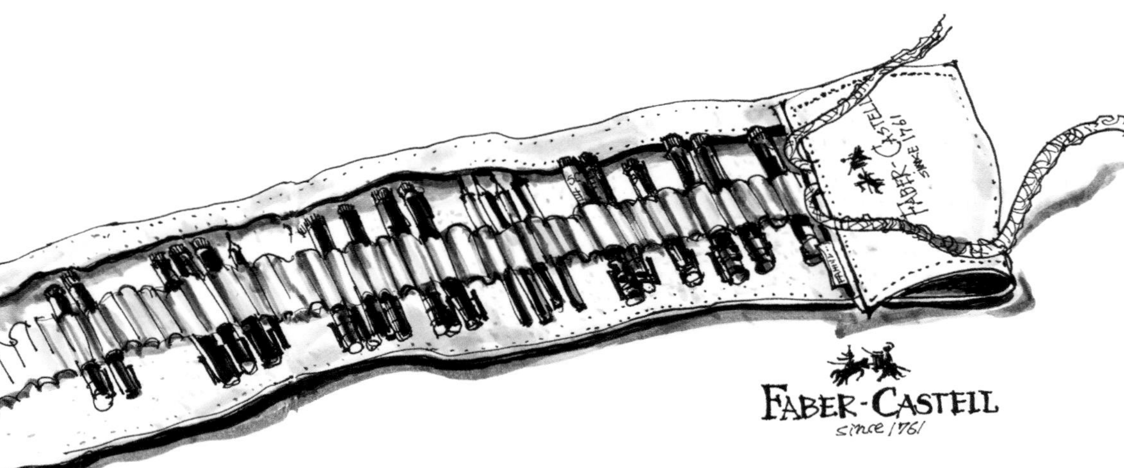

인도, 사랑해

India, I love you

भारत, मैं तुमसे प्यार करती हूं

그림 _ **베레카**

수많은 아파트와 건축의 투시도와 조감도를 밤낮없이 손으로 직접 그렸던 그 시간이 직업이고 인생이다. 서초동 예술의전당은 사람들이 가장 쉽게 알 수 있는 대표작이고, 대한민국을 빛낸 100인의 여성으로 선정되었다. 여행을 가면 멋진 남자보다 멋진 건축물 앞에서 가슴이 두근거린다. 여행 중에 만나는 멋진 건축의 선을 허물어뜨리며 마음 가는 대로 그린다. 건축은 사랑이고 드로잉은 자유다.
드로잉을 하며 세계를 여행하겠다는 꿈을 실현하던 인도여행 이후에 코로나19 팬데믹이 왔고, 여행은 멈추었지만 인도를 계속 그렸다.

글 _ **자림**

막다른 길 끝에서 작고 무한한 책방을 하면서 인도와 한국을 오가는 여행을 만든다. 자유로운 삶의 여행을 아름답게 지속하고 싶던 즈음에 부탄에서 길잡이 친구가 지어준 자림(부탄 말로 '아름답다' 라는 뜻)이란 이름의 무게를 사랑한다.

Drawing _ Bereka

My job and life are defined by the drawings I drew day and night of the perspective and bird's-eye view of numerous apartments and buildings. The Seoul Arts Center is one representative work I did, which is greatly appreciated by the mass. I was selected as one of the 100 influential women in Korea.

My heart beats faster in front of a great architecture than a great man. I draw freely, breaking down the lines of the beautiful architecture I meet during a trip. To me, architecture is love, and drawing is freedom.

After my trip to India, my dream of drawing while travelling became deeper.

Writing _ Jarim

At the end of the road sits my small yet fathomless bookstore, where I invent various travel plans between India and Korea. I love the weight of my name Jarim (which means 'beautiful' in Bhutanese). I received this name from a travel companion in Bhutan as I walked on my beautiful journey of freedom.

14:02

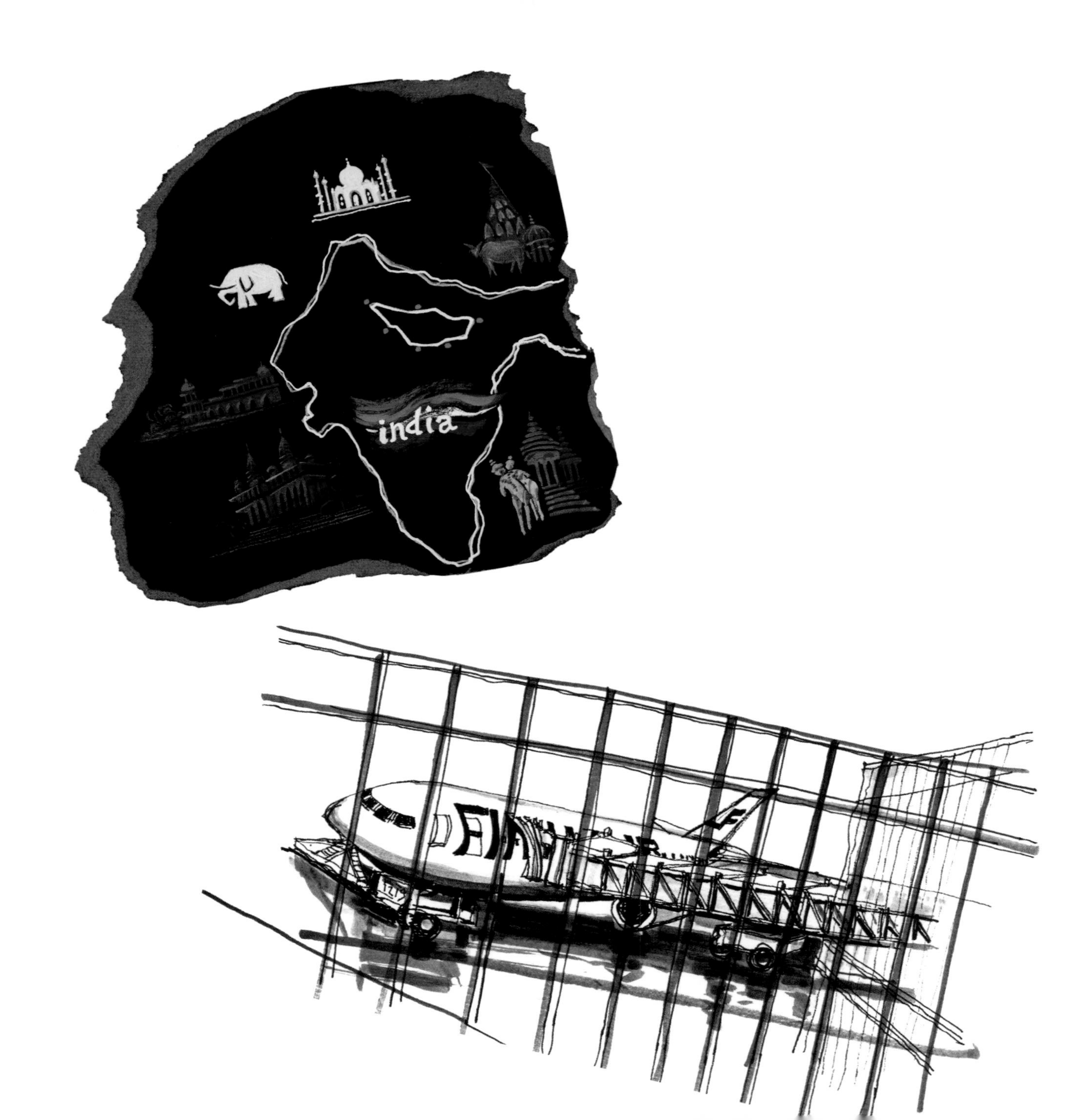
india

FINNAIR
ECONOMY

메종인디아 트래블앤북스
문명의 발상지로서 오랜 역사와 다채로운 문화를 대표하는 인도를 중심으로 여행을 만들고 쓰고 그리며 책으로 출판합니다. 인도를 고대부터 동시대 현대까지 보다 친근하고 세련되게 편견 없이 올바르게 잘 보여주기 위한 방법을 늘 고민합니다. 더불어 인도를 여행해야 할 이유를 끊임없이 만들어 갑니다. 그리하여 여행에서 길어 올린 샘물 같은 이야기와 여행지의 고유한 가치가 담긴 문화유산을 가꾸는 책을 만듭니다.

Maison India Travel & Books
is a place where we make, write, draw, and publish books centering on India. We try to portray India correctly, from ancient to contemporary times, with a friendly yet sophisticated approach withstanding any form of prejudice. We constantly discover reasons to travel to India. Hence, we make books with valuable stories and insights of travelers from India.

Drawing Traveler
india romance

초판 1쇄 발행 2022년 10월 25일

기획 | 전윤희
글 | 자림
그림 | 베레카
펴낸이 | 전윤희
디자인 | 올콘텐츠그룹
펴낸곳 | 메종인디아
주소 | 서울시 서초구 방배로23길 31-43 1층
전화 | 02-6257-1045
ISBN | 979-11-971353-2-3 03910
홈페이지 | www.maisonindia.co.kr
전자우편 | chunyunhee@gmail.com
출판등록 | 2017년 5월 18일 제2017-000100호

First edition, first publishing | Oct. 25, 2022
Planned by | Yunhee Chun
Written by | Jarim
Drawing by | Bereka
Published by | Yunhee Chun
Designed by | AllContentsGroup
Publication House | Maison India
Address | 1f 31-43, Bangbae-ro 23-gil, Seocho-gu, Seoul, 1st floor
Phone | 02-6257-1045
ISBN | 979-11-971353-2-3 03910
Homepage | www.maisonindia.co.kr
E-mail | welcome@maison-india.net
Publishing registration | May. 18, 2017-000100